# Zielsicher durch
# Meeting & Workshop

Marco Kerber
Salescoach und Präsentationstrainer

# Zielsicher durch Meeting & Workshop

© 2019 Marco Kerber
www.marcokerber.de
mail@marcokerber.de

Lektorat: Erik Kinting – www.buchlektorat.net
Umschlag & Satz: Erik Kinting
Illustrationen: Anne Bernhardi

Verlag und Druck:
tredition GmbH
Halenreie 40-44
22359 Hamburg

978-3-7482-4506-3 (Paperback)
978-3-7482-4507-0 (Hardcover)
978-3-7482-4508-7 (e-Book)

Bibliografische Information der Deutschen Nationalbibliothek:
Die Deutsche Nationalbibliothek verzeichnet diese Publikation in der Deutschen Nationalbibliografie; detaillierte bibliografische Daten sind im Internet über http://dnb.d-nb.de abrufbar.

# Inhaltsverzeichnis

**Grundsatz für jeden Workshop:**

*»Ich sehe lieber die Chancen, die uns verbinden, als die Risiken und die Probleme, die uns trennen.«*

Marco Kerber

# Einleitung

**Betreff: Workshop am 12.01.2019**

*Lieber Karl,*

*hiermit möchte ich Dich gern damit beauftragen, den Vormittag des Workshops am 12. Januar zu leiten. Alle fünf Verkäufer und der Innendienstleiter werden teilnehmen und freuen sich auf einen regen Austausch darüber, wie wir unser neues Produkt erfolgreich einführen können.*
*Wenn Du Unterstützung benötigst, dann melde Dich gerne bei Sabine, sie wird den Nachmittag des Workshop-Tages leiten und hat als Schwerpunkt die Umstrukturierung der Abteilungen.*
*Ich zähle auf Euch!*
*Bis später zum Mittag*

*Martin Mustermann – Geschäftsführer*

Kennen Sie solche Mails oder überfallartige Kurznachrichten auf irgendeinem Ihrer digitalen Kanäle? Kein Grund, panisch zu werden, sondern vielmehr eine Gelegenheit, um innezuhalten und darüber nachzudenken, was zu tun ist.

In diesem Buch finden Sie Impulse zur Visualisierung und zum Aufbau eines Workshops, Tipps zu Ihrer persönlichen Wirkung sowie die Struktur eines erfolgreichen Meetings. Es hilft Ihnen aber vor allem dabei, von unsicherem Terrain in sicheres Fahrwasser zu gelangen.

# Zielsicher durch
# Meeting & Workshop

Für mich persönlich ist es wichtig zu wissen, welchen Mehrwert meine Zuhörer bzw. Teilnehmer nach dem Workshop/Meeting haben. Es gilt also zunächst, die Frage nach der Zielsetzung zu beantworten. Darüber hinaus frage ich mich immer häufiger, welchen Mehrwert ich aus dieser gemeinsamen Zeit ziehe. Selbst die Begrifflichkeiten »Meeting« und »Workshop« sind schwer zu trennen, da beide ineinandergreifen. Der Einfachheithalber werde ich statt »Workshop bzw. Meeting« immer nur von »Workshop« sprechen und auch weitestgehend auf Gendern verzichten.

Als Erstes werden wir uns mit der Ausrichtung von Zielen auseinandersetzen. – Ich bevorzuge in diesem Zusammenhang die Bezeichnungen »informationsorientierte Formate« bzw. »teilnehmerorientierte Formate«, auf die ich im Folgenden näher eingehe:

## Was ist ein informationsorientierter Workshop?

Die Teilnehmer sollen mit Informationen versorgt werden und die aufeinander aufbauenden Stufen absolvieren:
Verstehen:

- einverstanden sein
- anwenden
- implementieren

Ein Ziel dieses Vorgehens ist es, dass sie die Informationen verinnerlichen und an andere Menschen weitergeben, also vervielfältigen.

# Was ist ein teilnehmerorientierter Workshop?

Diesem Format geht eine intensive Standortbestimmung voraus, in der die Entwicklungsfelder der Gruppe oder des Einzelnen definiert werden. Die Entwicklungsziele orientieren sich häufig an den Unternehmens- oder übergeordneten Gruppenzielen. In jedem Fall werden Entwicklungsstufen auf dem Weg zu den Zielen definiert.

## Die wichtigsten To-dos bei einem informationsorientierten Workshop:

1. Definieren Sie Ihre Zielstellungen.
2. Leiten Sie daraus Zwischenziele ab.
3. Formulieren Sie die Sinnhaftigkeit für Ihre Teilnehmer.
4. Erzeugen Sie zu den Zwischenzielen Überschriften.
5. Tragen Sie Methoden und Vorgehensweisen zusammen.
6. Machen Sie eine grobe Zeitplanung.
7. Erstellen Sie eine Agenda, die Sie vorab versenden.
8. Sorgen Sie für einen Plan B und seien Sie auf Einwände vorbereitet.
9. Erstellen Sie eine Präsentation und/oder Visualisierung.
10. Notieren Sie die wichtigsten Kernbotschaften.
11. Entwickeln Sie Impulse zu Ihrer persönlichen Performance.

**Die wichtigsten To-dos bei einem teilnehmerorientierten Workshop:**

1. Definieren Sie einen Zielkorridor.
2. Machen Sie sich durch vorgelagerte Interviews Ihr eigenes Bild von den Kompetenzen der Teilnehmer.
3. Tragen Sie bisherige Erfahrungswerte im Interview zusammen: Was lief gut? Was lief weniger gut? Welche Wünsche oder Erwartungen haben die Teilnehmer?
4. Erstellen Sie ggf. Arbeitsthesen für die Gruppe: »Wenn wir … dann …«
5. Fertigen Sie eine Agenda an, die Sie vorab versenden. Erfragen Sie aktiv Themenpunkte (mit Einsendeschluss) und lassen Sie gegebenenfalls darüber abstimmen.
6. Entwickeln Sie eine Präsentation und/oder Inhaltsskizze.
7. Erarbeiten und präsentieren Sie der Gruppe die wichtigsten Meilensteine und holen Sie sich Zustimmung ein.

## Die Zielstellung des Workshops

Bevor wir uns mit den Details beschäftigen, sollten einige wichtige Grundsätze geklärt werden. Wie immer ist eine gute Vorbereitung ein wichtiger Faktor für einen produktiven Workshop. Hierfür ist die Beantwortung der folgenden Fragen unabdingbar:

# Was ist das Ziel?

## Definition des quantitativen Ziels:

- Umsätze oder Gewinne
- Conversionrate = Umsetzungsrate im Vertrieb
- Produktivität von Abteilungen
- Produktivität der Teilnehmergruppe

## Definition des qualitativen Ziels:

- Kunden- oder Mitarbeiterzufriedenheit
- Wirkung einer Imagekampagne
- Vertriebsstrategie für ein Produkt
- Motivation der Teilnehmergruppe

Wenn Sie diese beiden Fragen für sich ausreichend geklärt haben, können Sie darauf aufbauend Ihre persönliche Performance entwickeln.

Darüber hinaus gibt es zwei weitere wichtige Faktoren, die Sie berücksichtigen sollten: die Gruppe, mit der Sie arbeiten werden, und die Rahmenbedingungen, die Sie vorfinden werden. – Letzteres können Sie häufig selbst beeinflussen.

# Was hat ein Workshop mit Theater zu tun?

# Die Theatermetapher

Manchmal hilft es mir bei meiner Arbeit, eine Gruppe als Puppentheater zu betrachten. Mithilfe dieses kleinen Tricks gelingt es mir, die Rollen der einzelnen Akteure besser zu verstehen, wodurch ich mich bestmöglich auf die Gruppe einstellen kann. Dabei geht es nicht um eine Einsortierung von Persönlichkeiten, sondern vielmehr darum, mit einer Metapher und einem guten Abstraktionsvermögen eine optimale Taktik in Bezug auf das Verhalten der Gruppe beziehungsweise des Einzelnen zu wählen.

Dabei gibt es häufig eine Prinzessin oder einen Prinzen. Diese Person besitzt einen gewissen Status beziehungsweise eine Amtsautorität und erwartet ein bestimmtes Verhalten ihr gegenüber wie Respekt, Wertschätzung und Höflichkeit.

Der Prinz untersteht dem König, der für die Rahmenbedingungen sowie Brot und Lohn sorgt. Der König ist häufig etwas distanziert im Verhältnis zu den anderen Akteuren in der Gruppe oder verhält sich proaktiv bzw. kontraproduktiv zur Gruppendynamik. Fakt ist, dass er bei wichtigen Entscheidungen grundsätzlich mitreden will.

Neben den »royalen« Persönlichkeiten gibt es den Polizisten und das Krokodil. Beide interagieren häufig miteinander und tragen kleine Kämpfe aus. Obwohl das Krokodil oft als negativ oder destruktiv wahrgenommen wird, dient es als Korrektiv im Team und wird vom Polizisten überwacht. Dasselbe gilt auch umgekehrt. Wenn einer von beiden über die Stränge schlägt, wird er meist in seine Schranken gewiesen. Beide Verhaltenstendenzen sind für die Gruppendynamik wichtig und sollten nicht vorschnell beurteilt werden.

Ein Workshop wäre sicherlich ziemlich langweilig ohne den Kasper. Er ist eine erheiternde Persönlichkeit und findet die Prinzessin oder den König ziemlich anziehend. Oft flachst er herum, kann kaum ruhig sitzen und nutzt jede Gelegenheit für einen Witz, wenn er nicht gerade auf sein Smartphone schaut. Er kann aber auch sensibel und einfühlsam sein, weil er im Herzen ein positiver Mensch ist. Mit seinen Eigenschaften stellt der Kasper einen wichtigen Katalysator für die Interaktion dar.

In einem Workshop treffen diese Figuren also aufeinander und interagieren. Die Aufgabe des Moderators ist es, die Stärken des Einzelnen so einzufordern oder zu aktivieren, dass die Gruppe einen möglichst hohen produktiven Zustand erreicht, also arbeitsfähig wird. Dafür muss der Moderator die Motivation und Ängste der verschiedenen Personen einschätzen und für seine Workshopziele aktivieren können.

Selbstverständlich folgen daraus unzählige gruppendynamische Prozessbeschreibungen und man könnte Kapitel um Kapitel mit klugen Ratschlägen dazu füllen. In dieser kleinen Anleitung möchte ich mich auf die wichtigsten Impulse beschränken, die Ihnen dabei helfen sollen, Ihren eigenen Weg zu finden.

## Motivation und Ängste des Königs:

- Will beherrschen, ohne beherrscht zu werden.

- Will Entscheidungen treffen und Ziele vorgeben.

- Hat Angst davor, zu versagen und das Gesicht zu verlieren.

- Hat Angst davor, die Kontrolle zu verlieren.

## Motivation und Ängste des Prinzen / der Prinzessin:

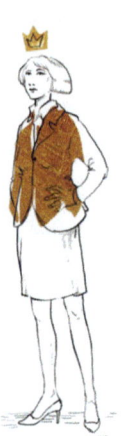

- Will im Team eine Leitfigur sein.

- Will andere für ein Ziel begeistern, es gemeinsam umsetzen.

- Hat Angst davor, allein gelassen zu werden.

- Hat Angst davor, ihr Ansehen zu verlieren.


## Motivation und Ängste des Polizisten:

- Will Strukturen und Rahmenbedingungen definieren.

- Will, dass Regeln und Rituale eingehalten werden.

- Hat Angst vor unkalkulierbaren Risiken.

- Hat Angst vor unvorhersehbaren Veränderungen.

## Motivation und Ängste des Krokodils:

- Will Macht und Einfluss auf andere.

- Will eigene Ziele umsetzen und sich einen Vorteil verschaffen.

- Hat Angst davor, etwas falsch zu machen.

- Hat Angst davor, an Einfluss zu verlieren.


## Motivation und Ängste des Kaspers:

- Will gemocht werden und kreativ arbeiten.

- Will mit anderen etwas auf die Beine stellen und Spaß haben.

- Hat Angst davor, dass er allein arbeiten muss.

- Hat Angst davor, vor anderen bloßgestellt zu werden.

# Weiterführende Themen:

- formelle Gruppen

- informelle Gruppen

- gruppendynamische Prozesse

- Rollenverteilung in Gruppen

- Phasenmodell nach Bennis/Shepard

- Phasenmodell nach Tuckman

**Zum Nachdenken:**
Welche der aufgeführten Verhaltenstendenzen würden Sie sich als Moderator am ehesten zusprechen und welche würden Sie abwählen?
Das ist ein interessanter Gedanke, um eine Selbstreflexion zu beginnen.

# Ansätze für den Umgang mit den einzelnen Rollen

Dieses Kapitel beschäftigt sich mit den Interaktionschancen und den Handlungsoptionen, die Sie als Moderator haben. Ich möchte aber hervorheben, dass es kein stereotypes Verhalten gibt, sondern immer entsprechend der Situation gehandelt werden muss. Da diese Situation durch den Moderator, die Gruppe, das Ziel und die Rahmenbedingungen beeinflusst wird, sollten Sie vorab folgende Fragen für sich selbst beantworten:

1. Wer sind meine Gäste, Zuhörer beziehungsweise Teilnehmer?
2. Was haben diese Menschen für Bedürfnisse?
3. Was ist ihre Verantwortung, ihre Aufgabe oder ihr Problem?
4. Wozu das alles, was soll am Ende herauskommen?
5. Welche Einwände oder Widerstände könnte es geben?
6. Wie kann ich diese Menschen am besten erreichen, aktivieren und in einen produktiven Zustand versetzen?

Betrachten Sie die folgenden Empfehlungen der Theatermetapher als ein Gedankenspiel …

### … für den König:

- Geben Sie ihm am Anfang der Veranstaltung ein wenig Raum.
- Fragen Sie ihn nach seiner Meinung bei wichtigen Entscheidungen.
- Nutzen Sie seinen Einfluss in unsicherem Fahrwasser oder bei schwierigen Themen; häufig genügt seine Anwesenheit, um einen produktiven Gruppenzustand zu bewirken.

**... für den Prinzen:**

- Geben Sie ihm kleine Teilaufgaben und fragen Sie aktiv nach.
- Begegnen Sie ihm auf Augenhöhe mit der nötigen Wertschätzung.
- Sprechen Sie seine eventuell übermäßige Präsenz an, aber unter vier Augen.

**... für den Polizisten:**

- Zeitmanagement ist genau sein Ding, er achtet auf die Zeit im Workshop.
- Bitten Sie ihn, ein Protokoll anzufertigen und ein paar Stichpunkte zu notieren.
- Beziehen Sie ihn mit ein – er wird eher passiv sein, dient aber als Korrektiv.

**... für das Krokodil:**

- Stellen Sie vorab Regeln auf und nutzen Sie seinen Einfluss.
- Begegnen Sie ihm mit Respekt, aber nicht unterwürfig.
- Behalten Sie es sich vor, eine aufgestellte Regel vor der Gruppe einzufordern – z. B. Redeanteil oder Feedbackregeln.
- Suchen Sie im Vorfeld Verbündete, falls es zum Schlagabtausch kommt – der Polizist kann ggf. helfen.

*... für den Kasper:*

- Wenn Sie ein wenig Zeit zum Durchatmen benötigen, fragen Sie ihn nach seiner Meinung.
- Bremsen Sie ihn aktiv ein, indem Sie ihm gegenüber immer die gleiche Geste verwenden, den Abstand verkürzen, Blickkontakt aufnehmen ihn auffordern, etwas zu tun.

## Drei Szenarien:

Anhand von drei Szenarien möchte ich die gruppendynamischen Prozesse deutlich machen und eine Empfehlung für das Verhalten des Moderators aussprechen. Auch hier gilt, dass es keine Pauschalempfehlung geben kann, allerdings habe ich mit folgenden Strategien gute Erfahrungen gemacht:

- Szenario 1: Offensive Gruppe mit produktivem Workflow
- Szenario 2: Defensive Gruppe mit mäßigem Workflow
- Szenario 3: Unharmonische Gruppe mit destruktivem Workflow

## Szenario 1:
## Offensive Gruppe mit produktivem Workflow

Glückwunsch, das ist der Traum eines jeden Workshopleiters: Harmonische Teilnehmer, die auf der Themenwelle nur so dahingleiten, ohne dabei baden zu gehen. Selbstverständlich ist das ein erstrebenswerter Arbeitszustand, den Sie bewusst an-

steuern können, indem Sie zum Beispiel zu Beginn des Workshops mit der Gruppe Ihre Ziele und Teilziele diskutieren. Das
führt häufig zu einem produktiven Miteinander in der Gruppe,
vorausgesetzt, die Gruppe ist grundsätzlich harmonischer Natur.

Bezüglich der Akteure sehe ich die größte Gefahr bei der zweiten Ebene, dem Krokodil und dem Polizisten. Sollten diese Verhaltenstendenzen im Raum sein, werden sie häufig versuchen,
die Harmonie zu ihren Gunsten zu beeinflussen, zum Beispiel mit
Aussagen wie »Das ist ja alles richtig, was Sie sagen, aber ...«
oder »Das haben wir doch schon mal probiert ...«.
In diesem Fall können Sie in der Regel auf die obere Gruppen-
ebene zurückgreifen und den Ball zum Prinzen oder König spielen. Diese werden für die vereinbarten Ziele einstehen und hier
und da ruhigeres Fahrwasser bereiten.
Bleibt das »Ja, aber ...« aus, sollten Sie die Gruppe für ihr konstruktives Miteinander loben. Tun Sie das vor allem direkt, unmit-
telbar und im Vergleich zu etwas, sodass sich die wunderbare
Wirkung des Lobens vollends entfalten kann.

Wenn Sie die Teilziele Ihres Workshops erreicht haben, feiern
Sie das mit der Gruppe.

## Szenario 2:
## Defensive Gruppe mit mäßigem Workflow

Eine solche Gruppe lässt die meisten von uns bereits nach den
ersten zehn Minuten innerlich tief aufseufzen. Aber denken Sie

immer daran: Es hätte schlimmer kommen können (siehe Szenario 3). Bei dieser Konstellation kommt es darauf an, dass Sie auf der Sachebene überzeugen können und der Gruppe den Sinn und Zweck des Workshops nahebringen. Wenn Menschen den Sinn von etwas verstehen, sind sie eher bereit zu handeln. Dazu müssen Sie die Teilnehmer da abholen, wo sie stehen. Zum Beispiel könnten Sie eine Chancen-Risiko-Abfrage durchführen, wodurch Sie die einzelnen Rollen, Ängste und Antriebskräfte besser verstehen.

Achten Sie während der Arbeit darauf, dass Sie Ihre Zwischenziele ansteuern und keine Missverständnisse entstehen. Das realisiere ich oft durch Nachfragen: »Sehen Sie das auch so?«, »Können Sie diesen Punkt nachvollziehen?«, »Gibt es Fragen?«, »Sind Sie auch damit einverstanden?«. Damit erzeugen Sie ein ruhiges, aber produktives Arbeitsklima. Insbesondere der König und die Prinzen im Raum sollten als »Lead« ihr Einverständnis geben.
Ihre Aufgabe als Moderator ist es, den Informationsfluss durch namentliche Abfrage zu steuern: »Herr Maier, Ihre Meinung interessiert mich!«, »Was sagen Sie dazu, Frau Hübner?«, »Ich fasse einmal für Sie zusammen ...«.

Uns wird oft gesagt, dass eine Gruppe interaktiv, kommunikativ und lebendig sein muss. Dazu sage ich ganz klar: »Nein!« Eine Gruppe muss gar nichts – außer das, was für sie, den Einzelnen und die Zielerfüllung das Beste ist. Und das ist nun mal das, was diese Gruppe zu leisten in der Lage ist. Wenn Sie die Gruppe überfordern, aktivieren Sie den Polizisten und danach das Krokodil oder umgekehrt. Besser ist es also, den Ball schön flach zu halten. Dennoch spricht nichts gegen Aktivierungen durch Gruppen-, Meinungs- oder namentliche Einzelabfragen als didaktisches Mittel.

Sollte sich die Gruppe entgegen aller Wahrscheinlichkeit mit diesen Methoden nicht aktivieren lassen, dann bleibt Ihnen immer noch die Flucht nach vorn, indem Sie die Teilnehmer aktiv in die Lösungsfindung einbeziehen: »Liebe Teilnehmer, wie wollen wir nun miteinander umgehen? Wir können dies tun oder jenes. Sie wollen wir zusammen arbeiten? Herr Maier, was ist Ihr Vorschlag?« Darauf musste ich in 20 Jahren Training aber nur zwei- oder dreimal zurückgreifen.

## Szenario 3:
## Unharmonische Gruppe mit destruktivem Workflow

»Na, dann wollen wir mal«, denke ich häufig vor oder während einer solchen Herausforderung und tue das einzig Richtige: Ich lasse mich nicht zum Spielball der Gruppe machen. Das bedeutet, dass ich die Ausgangslage, den Zielkorridor und die damit verbundenen Aufgaben in einem drei- bis fünfminütigen Vortrag erläutere. Darüber hinaus nehme ich ein Flipchart und schreibe groß »Vertrag« als Überschrift, denn »Vertrag« kommt von »sich vertragen«. Dann bitte ich jeden einzelnen Akteur, auf eine Karte zu schreiben, wie wir miteinander arbeiten wollen und was er glaubt, wie die Gruppe den bestmöglichen produktiven Zustand erreicht. Sie werden überrascht sein, wie sich die Beziehungsstruktur der Gruppe verändert – manchmal nur für einen Moment, aber sie verändert sich ins Positive.

Nicht nur der König ist nun gefragt, wenn es um die Ziele und den angestrebten Verhaltenskodex geht, sondern auch der Prinz muss ins Boot geholt werden. Der Polizist wird als Zeitmanager eingesetzt und das Krokodil wird damit beauftragt, ein stichpunktartiges Protokoll zu führen. Kurzum: Vergeben Sie an die Akteure Aufgaben, die zu ihnen passen. Dadurch können Sie teilweise kontrollieren, was die Teilnehmer tun werden. Fragen Sie zwischendurch die Ergebnisse, das Zeitmanagement und die Gefühlszustände ab. Stellen Sie Feedbackregeln auf und identifizieren Sie destruktive Störer.

Die Gefahr in einer solchen Zusammenstellung ist, dass der Moderator zum Spielball oder gar zum Blitzableiter der Gruppendynamik wird und es noch schwerer hat, die Gruppe zu steuern. Ich gehe solche Situationen immer offen an und fordere die Teilnehmer auf, wertschätzend und produktiv miteinander umzugehen. Ich vermeide es aber, die Verantwortung für das Verhalten anderer zu übernehmen. Damit erlange ich die nötige Distanz zur Führung der Gruppe und die erforderliche Nähe zum produktiven Schulterschluss mit den Teilnehmern.

Ich gebe gerne zu, dass dieses Szenario mehr Energie kostet als das erste. Daher ist eine vorherige Standortbestimmung der Teams eine gute Art, sich vorzubereiten. Ich führe dazu im Vorhinein Kurzinterviews mit den wichtigsten Einflussnehmern.

# Erhöhen Sie Ihren Wirkungsgrad im Workshop

*»Sei du selbst, alle anderen gibt es schon.«*

Oscar Wilde

Nachfolgend stelle ich ein paar grundsätzliche Gesten vor und gehe auf ihre Wirkung ein. Bedenken Sie bitte, dass es sich immer um eine Wechselwirkung handelt, das bedeutet, dass die gleiche Geste oder Körperhaltung in unterschiedlichen Situationen auch eine unterschiedliche Wirkung haben kann.
Betrachten wir als Erstes die Geste »Verschränkte Arme«.

Verschränkte Arme können abweisend wirken, verwenden Sie grundsätzlich lieber offene Gesten.

Diese Geste kann Entspannung und Interesse signalisieren, aber auch Desinteresse oder gar Ablehnung. Die Wirkung ergibt sich aus der Summe der Eindrücke: Mimik, Körperhaltung und Sprache. Das sind die wesentlichen Indikatoren, anhand derer wir über Sympathie oder Antipathie entscheiden.

### Die gute Nachricht

Da wir Kenntnis von dieser Wechselwirkung haben, können wir uns den Effekt zunutze machen und den gewünschten Eindruck erwirken.

### Die schlechte Nachricht

Sollte unser Gegenüber dieses Buch auch gelesen haben, wird er oder sie unser Verhalten als manipulativ erkennen und mit Gegenaktionen oder Abwehr reagieren.

### Fazit

Nutzen Sie gerne die folgenden Impulse, um Ihr Verhalten zu optimieren, aber achten Sie auf einen authentischen Auftritt. Diesen erreicht man durch Übungen vor dem Spiegel oder kleinen Coachinggruppen.

Das Sichtfeld ist häufig ein Dreieck. Achten Sie auf Ihre Signale innerhalb dieses Dreiecks.

Wichtige Kernbotschaften verlangen entweder nach großen Gesten oder nach einem stillen Spannungsbogen, also aktivem Schweigen.

Die nächste Geste ist wohl derzeit die bekannteste: Angela Merkel hat »die Raute« als ihr Markenzeichen etabliert, daher soll sie uns als Beispiel dafür dienen, wie sinnvoll es sein kann, sich bestimmte Gesten oder Mimiken anzutrainieren. Die Wechselwirkung mit anderen Gesprächspartnern ist damit teilweise kontrollierbar.

Ein Markenzeichen und ein eigener Wikipediaeintrag. Die Merkel-Raute oder auch die Raute der Macht.

Ich bin mir ziemlich sicher, dass es bei dieser Geste nicht um die Kontrolle des Gegenübers geht, sondern vielmehr um die Kontrolle der eigenen Emotionen. Sie dient als ein Verhaltensanker, der in diesem speziellen Fall genutzt wird, um die innere Ruhe (wieder) herzustellen oder sich auf einen bestimmten Inhalt, eine Aussage oder eine Situation zu konzentrieren. Es ist für mein Empfinden eine sehr »öffentliche« Geste, aber auch ein professionelles Instrument zur Verbesserung der persönlichen Wirkung.

## Was können wir daraus lernen?

Paul Watzlawick bringt es auf den Punkt:
**»Man kann nicht nicht kommunizieren.«**

So wie wir nicht in der Lage sind, nicht zu riechen oder zu schmecken, so ist es uns auch nicht möglich, nicht zu kommunizieren. Kommunikation ist eine natürliche Überlebensstrategie und angeboren.

## Jede Kommunikation hat einen Inhalts- und einen Beziehungsaspekt

*»Warst du beim Friseur?«*
*»Hast du ein neues Kleid?«*
*»Sabine war heute zu Besuch.«*

Jeder dieser Sätze beinhaltet eine sachliche Frage oder Aussage sowie eine emotionale Botschaft, die praktisch eine Gegenfrage provoziert oder zumindest den inneren Dialog anregt.

Beispiel: *»Warst du beim Friseur?«*

Gefällt ihm die Frisur? Warum sagt er das? Was denkt er wohl gerade?

## Kommunikation ist immer Ursache und Wirkung

Über diese Kommunikationsregel gibt es ganze Buchreihen, daher werde ich das Thema nur streifen und ein paar interessante Impulse liefern.

**Wenn Sie die Ursache sind, dann sind Sie auch die Wirkung. – Wenn Sie die Wirkung sind, dann sind Sie die Ursache.**

Bieten Sie eine positive Ursache an, erzeugen Sie wahrscheinlich auch eine positive Wirkung. Ist Ihre Wirkung positiv, dann wird das Gespräch wahrscheinlich auch positiv verlaufen.

Hierzu möchte ich Ihnen zwei sehenswerte Videoclips auf YouTube empfehlen, die sie bei Interesse zu weiteren Videos innerhalb dieses Themengebietes führen werden:

1. Paul Watzlawick: »Wenn die Lösung das Problem ist«
2. Vera Birkenbihl: »Normal & Erziehung«

# Fazit

Die Merkel-Raute zeigt sehr deutlich, dass wir unsere Wirkung auf andere steuern können und durch diese Wirkung einen Impuls (Ursache) für das Verhalten anderer liefern können beziehungsweise ein bestimmtes Verhalten bewirken.

Darüber hinaus ist diese Geste ein gutes Beispiel dafür, dass die persönliche Wirkung durch Training und Übung verbessert werden kann. Schauen Sie sich einfach mal ein paar Videos von Frau Merkel aus den 90er-Jahren an, dann werden Sie einen deutlichen Unterschied zu ihren heutigen Auftritten feststellen.

# Mittel zur Verstärkung Ihrer Wirkung

Die folgenden Gesten bieten eine Übersicht und einen ersten Ansatz für eine persönliche Trainingseinheit. Stellen Sie sich dazu vor einen großen Spiegel und sprechen Sie die aufgeführten Sätze in Verbindung mit der Geste. Sie werden überrascht sein, welche Wirkung damit erzielt wird. Noch deutlicher wird die Wirkung, wenn Sie die Sätze zunächst mit einer neutralen Körperhaltung (Arme senkrecht am Körper) und dann unter Verwendung der dazugehörigen Geste sprechen.

Herzlich willkommen zu unserem Meeting. Ich freue mich, dass Sie alle der Einladung gefolgt sind.

Ich habe die Agenda unseres Meetings hier vorbereitet und möchte zu den Punkten gerne ein paar Worte sagen.

Wichtig ist, das Sichtdreieck zu berücksichtigen. Für die Umsetzung bedeutet das: freundlicher Blickkontakt in die Gruppe, Körperspannung halten und klare, sichere Aussprache. Unterhalten Sie sich nicht mit dem Flipchart oder der PowerPoint-Präsentation, sondern sprechen Sie in die Gruppe oder suchen Sie sich einen freundlichen Teilnehmer, den Sie ab und zu anschauen.

Diese beiden Bilder zeigen, wie unterschiedlich die Wirkung sein kann, wenn sich einzelne Indikatoren ändern.

Im oberen Bild hat der Gesprächspartner eine offene Körperhaltung und sitzt auf dem vorderen Teil des Stuhls. Er wirkt interessiert und aufmerksam.

Empfehlung für den Umgang:
Bestätigen Sie die Signale Ihres Gegenübers nonverbal und bieten Sie zwei bis drei Argumente oder Aussagen zur Diskussion an.

Im unteren Bild ist der Gesprächspartner eher passiv, er sitzt auf dem hinteren Teil des Stuhls, hat eine geringe Körperspannung und sein Blick ist gesenkt. Ich interpretiere die Haltung entweder als skeptische Aufmerksamkeit oder als defensives Zuhören.

Empfehlung für den Umgang:
Bleiben Sie bewusst offen und bieten Sie leicht verdauliche positive Informationen an. Stellen Sie aktivierende Fragen wie: »Mich interessiert Ihre Meinung, Herr Meier.«

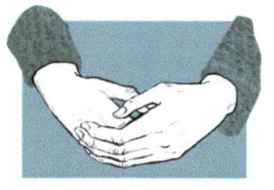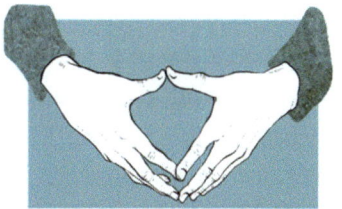

Ein wichtiges Detail ist die Haltung und Form der Hände. In der Vergangenheit war es überlebensnotwendig, möglichst schnell zu erkennen, ob das Gegenüber bewaffnet war oder nicht. Auch heute noch lesen wir die Hände, wenn auch meist unbewusst. Dabei achten wir auf die Form, die die Hände erzeugen, auf die Spannung und die Dynamik der Bewegungen. Die Summe dieser Informationen gibt uns Aufschluss über den emotionalen Zustand unseres Gegenübers.

Diejenigen, die sich schon häufiger mit dieser Thematik beschäftigt haben, werden weitere Indikatoren hinzuziehen. Dazu gehört die Farbe der Haut, über die auf die Körpertemperatur und den Gesundheitszustand geschlossen werden kann, aber auch die Pflege der Hände, die wiederum Informationen über das Selbstwertgefühl und die Hygiene liefert. Ein bewusst herbeigeführter Händedruck gibt zudem Auskunft über Status, Kraft und Gesundheitszustand.

**Übungsvorschlag:**

Schauen Sie auf die Hände Ihrer Kollegen und Mitarbeiter. Dabei sollten Sie nicht zu auffällig vorgehen, da die Leute sich sonst angestarrt fühlen und nicht mehr natürlich agieren. Streifen Sie die Hände gelegentlich mit einem Blick und achten Sie dabei auf die oben beschriebenen Signale und Merkmale.

Versuchen Sie im ersten Schritt, Informationen bewusst zu lesen, und achten Sie im Verlauf der Übung immer mehr auf weitere Details. Lassen Sie die Informationen auf sich wirken und führen Sie einen inneren Dialog darüber, welche Eindrücke sie bei Ihnen erzeugen.

Im zweiten Schritt geht es um Ihre Wirkung: Beobachten Sie Ihre Hände und senden Sie bewusst Signale. Achten Sie auf Offenheit, Sauberkeit sowie einen sympathischen Händedruck und legen Sie das Smartphone sichtbar zur Seite.

Kennen Sie die Spiegeltechnik? Hierbei spiegeln Sie positive Signale Ihres Gegenübers, indem Sie seine Körpersprache nachahmen. Durch diese Spiegelung wird die emotionale Schnittmenge zwischen zwei Menschen erhöht, wir fühlen uns verstanden und empfinden die Situation als vertrauenswürdig. Sie können die Spiegelung auch durch verbale Signale verstärken: »Das klingt aber interessant!« oder »Das verstehe ich nicht, können Sie das etwas vertiefen?«

Natürlich funktioniert das auch andersherum: Lehnen Sie sich zurück, wenn sich Ihr Gesprächspartner nach vorn beugt oder öffnen Sie Ihre Arme und Hände, sobald Ihr Gegenüber anfängt, seine Körperhaltung zu verschließen.

Es gibt unzählige Kombinationsmöglichkeiten. Mein Tipp ist, mit den Händen zu beginnen, dann folgen die Arme und anschließend spiegeln Sie den Oberkörper. Die Mimik ist die Königsdisziplin. Die Grundlagen können Sie vor dem Spiegel üben: Freude, Schmerz, Sympathie, Antipathie, Zustimmung und Abneigung. Wenn Sie diese eintrainiert haben, können Sie sie punktuell einsetzen und somit die Ursache für eine Wirkung liefern.

All diese Elemente helfen Ihnen bei der Erhöhung Ihres persönlichen Wirkungsgrades.

Diese beiden Zeichnungen zeigen noch einmal anschaulich die unterschiedlichen Wirkungsweisen der Gesten. Die Frau deutet mit einem Finger auf einen Punkt und verstärkt ihre Botschaft durch einen freundlichen Blickkontakt. Die Summe der Signale sagt: »Mir ist dieser Punkt wichtig und Ihnen sollte er ebenfalls wichtig sein.«

Der Mann im unteren Bild ist etwas dynamischer und offensiver unterwegs. Er präsentiert mit einer Geste, die ich gerne mit einem Kellner vergleiche, der etwas zu servieren hat. Im Vertrieb gibt es dazu eine Weisheit: »Ein schlechtes Produkt kann durch eine gute Präsentation erfolgreich vermarktet werden, ein gutes Produkt kann hingegen durch eine schlechte Präsentation ein absoluter Flop werden.«

Beide Gesten haben ihre ganz eigene Bedeutung und beeinflussen die Aussage des Moderators bzw. der Moderatorin.

Welche Geste tatsächlich zum Einsatz kommt, ist abhängig von der Zielstellung, der Zielgruppe (den Zuhörern) und der Botschaft, die an die Teilnehmer herangetragen werden soll. Nachfolgend finden Sie ein paar Aussagen, die gut zu den Gesten passen:

*»Ich möchte Sie auf diesen Agendapunkt aufmerksam machen …«*

*»Gerade dieser Schritt ist mir wichtig …«*

*»Wenn wir diese Herausforderung meistern, dann …«*

*»Was bedeutet das nun für unsere Produktion?«*

*»Herr Meier, ich würde gerne Ihre Meinung zu diesem Punkt wissen.«*

*»Welche Fragen gibt es zu diesem Stichwort?«*

*»Wer kann uns dabei helfen, dieses Kernproblem zu lösen?«*

*»Ich bitte Sie, zu dieser Frage mindestens drei Stichpunkte auf einer Karte zu notieren.«*

*»Das ist wirklich ein gutes Ergebnis.«*

*»Hier sehen Sie drei Varianten …«*

*»Mein Vorschlag ist …«*

*»Ich lade Sie ein, darüber zu diskutieren.«*

*»Wer hat bereits jetzt eine Idee zu dieser Problematik?«*

*»Bitteschön, das ist …«*

*»Ein gutes Ergebnis.«*

*»Wir werden heute diese Agenda abarbeiten und dabei …«*

*»Es gibt nichts Gutes, außer …«*

*»Hierzu fällt mir folgendes Beispiel ein …«*

*»Das ist das Ergebnis unserer Konkurrenz.«*

Nachfolgend finden Sie weitere Zeichnungen mit verschiedenen Gesten. Achten Sie dabei auf die hohe Schnittmenge zwischen Körperhaltung und verbaler Aussage. Die Summe aus beidem verstärkt Ihre Wirkung deutlich, obwohl es sich eher um defensive Merkmale handelt.

»Ein interessanter Ansatz.«

»Ich werde darüber nachdenken.«

»Diesen Punkt sollten wir diskutieren.«

»Bitte erklären Sie mir, wie Sie darauf kommen.«

»Möchten Sie uns noch erläutern, warum Sie den Punkt heute einbringen?«

»Ein guter Ansatz, ich würde ihn gerne besser verstehen.«

»Ich bin nicht Ihrer Meinung, wir können es aber gerne diskutieren.«

»Ich mache mir ein paar Notizen, es ist mir wichtig, was Sie gerade sagen.«

»Das ist ein wichtiger Punkt. Moment, ich notiere …«

»Ich fasse also zusammen …«

Anhand der verschiedenen Körperhaltungen und Aussagen können Sie die unterschiedlichen Wirkungsweisen gut erkennen.

Meine Empfehlung ist, dass Sie sich für drei bis vier grundsätzliche Gesten entscheiden und sich deren Wirkung einmal vor einem Spiegel anschauen.

Trainieren Sie Ihre Gesten und kreieren Sie wichtige Kernaussagen zu Ihrer Körpersprache. Sie können die Wirkung verstärken, indem Sie einen direkten Blickkontakt aufbauen oder schweigen, während Sie etwas an das Flipchart oder auf einen Notizblock schreiben. Die Schweigesekunden werden als Spannungsbogen und Verstärker genutzt und verschaffen Ihnen die nötige Zeit, die nächsten Impulse zu überdenken, zu planen und auszuführen.

Nachdem Sie die Wirkung Ihrer Gesten vor dem Spiegel betrachtet und sich eine gewisse Sicherheit im Umgang damit angeeignet haben, gilt es, deren Verwendung in Alltagssituationen zu trainieren. Natürlich sollten Sie nicht vom Tisch aufspringen und sagen: »Ich präsentiere Ihnen diesen exklusiven Bio-Kuchen ...« Aber Sie können bestimmte Gesten und ihre Auswirkungen testen und dadurch mehr Sicherheit erlangen, zum Beispiel in Standardsituationen wie Begrüßungen. Denken Sie dabei an den König, den Prinzen oder auch an das Krokodil.

# Fazit

Verlassen Sie sich nicht darauf, dass Ihnen das alles spontan einfällt, wenn Sie einen Workshop leiten. Meistens ist man dann etwas angespannter und die Emotionen machen einem einen Strich durch die Rechnung. Üben Sie daher bei jeder Gelegenheit, die sich Ihnen bietet. Nutzen Sie dabei nicht nur die offensiven Gesten, sondern gerade auch die defensiven. Werden sie im richtigen Kontext eingesetzt, halte ich sie persönlich für mindestens genauso wirkungsvoll. Sie werden überrascht sein, welch enormes Potenzial in einer guten Performance steckt und wie sehr Sie auf Ihr Gegenüber Einfluss nehmen können.

Natürlich geht es nicht nur um das »Senden«, sondern auch um das »Empfangen« von Informationen und Signalen. Darüber hinaus ist es wichtig, möglichst wertfrei zu agieren und die Signale bewusst wahrzunehmen und objektiv zu interpretieren. Das stellt für mein Empfinden eine der größten Herausforderungen in einem Meeting dar, da man natürlich in erster Linie auf die eigene Ausstrahlung achtet.

Lassen Sie uns einmal die Perspektive wechseln und schauen,, wie wir die Gesten der Zuhörer/Teilnehmer interpretieren können, denn letztlich wollen wir ja zielorientiert interagieren. Ich werde zunächst die Signale beschreiben und diese dann kurz analysieren. Diese Interpretation wird natürlich durch meine Persönlichkeit, meine Erfahrungen und meinen momentanen Gemütszustand »verfälscht«, daher möchte ich Ihnen die Möglichkeit geben, Ihre eigene Interpretation vorzunehmen und sich Handlungsoptionen dazu zu überlegen.

In der einen oder anderen Standardsituation (Begrüßung, Vortrag vor der Gruppe etc.) werden Sie die Signale der Akteure erkennen und können entsprechend reagieren. Da die Reaktion aber immer abhängig von Ihrer Zielstellung ist, bietet es sich nicht an, eine pauschale Empfehlung auszusprechen.

*»Nehmen Sie die Menschen wie sie sind, andere gibt es nicht.«*

Konrad Adenauer

# Signale und Interpretation

- breiter Beinstand, leicht vorgeneigt

- mäßige Körperspannung

- Hände sind »geparkt« und defensiv

- gerader Kopf und gerade Körperachse

- Blick ist nach vorn gerichtet mit leichtem Lächeln

- wertige Kleidung mit Fliege

Die meisten dieser körpersprachlichen Signale deuten auf einen Hochstatus hin. Die lockere Haltung des Oberkörpers signalisiert Gesprächsbereitschaft und der direkte Blick wirkt interessiert.

## Raum für Ihre eigene Interpretation

_____

_____

_____

_____

_____

_____

# Signale und Interpretation

- steht auf dem rechten Bein, linke Seite ist offen

- Körperspannung im Rückenbereich

- Hände stützen den oberen Körper

- Schultern sind aktiv zurückgezogen

- Kopf und Kinn sind leicht erhöht

- Blicklinie verläuft von oben nach unten

- modische, aber konservative Kleidung

Die Körperspannung lässt auf einen höheren Status schließen – ein Eindruck, der durch den sicheren Blick verstärkt wird. Dennoch wirkt die Person offen und kommunikativ.

**Raum für Ihre eigene Interpretation**

_____

_____

_____

_____

_____

_____

## Signale und Interpretation

- Standbein links, verstärkt durch rechten Zeige-finger

- aktives rechtes Bein

- Körperspannung von Kopf bis Fuß

- Hände verschränkt mit korrigierender Geste

- Muskelpartie im Schulter-, Hals- und Kopfbe-reich ist angespannt

- erhobenes Kinn mit direktem Blickkontakt ohne Lächeln

Die innere Haltung der Person wird durch die Gestik erkennbar: Es wird eine Grenzlinie aufgezeigt. Der Blick und die Schulterpar-tie lassen auf Skepsis schließen, aber nicht auf Feindseligkeit.

**Raum für Ihre eigene Interpretation**

_____

_____

_____

_____

_____

# Signale und Interpretation

- Standbein links mit defensivem Stand

- Körperspannung in Kombination mit vorge-schobener Stirn

- Arme, Schultern, Nacken und Stirn bilden eine Linie

- Kinn ist gesenkt und Blickachse verläuft von unten nach oben, ohne Lächeln, meist Falte zwischen den Augen

- meist konservative und abgestimmte Kleidung

Die starre, vorgeneigte Körperachse signalisiert Diskussionsbe-reitschaft oder gar Streitmodus. Die starke innere Anspannung wird durch die Gesamtkörperhaltung und -spannung deutlich.

**Raum für Ihre eigene Interpretation**

_____

_____

_____

_____

_____

# Signale und Interpretation:

- lockerer Stand auf beiden Beinen

- wenig Körperspannung

- offene Gesten mit offenem Blick

- Schultern und Kopf sind zum Zuhörer geneigt

- aktiver Blickkontakt mit Lächeln

- meist lockere, moderne Kleidung

Die offene Haltung lädt zur Interaktion ein und der lockere Stand lässt auf einen entspannten Gemütszustand schließen. Diese Art der Körpersprache kann aber auch über etwas hinwegtäuschen.

**Raum für Ihre eigene Interpretation**

_____

_____

_____

_____

_____

_____

# Das mindert Ihre Wirkung

# Cool oder entspannt?       Unsicher oder Blackout?

Es wirkt weder cool noch entspannt, wenn man die Hände in den Taschen hat, sondern wird als unhöflich empfunden. Außerdem schränken Sie damit Ihre Gestik ein.

Das Gleiche gilt für ein vorschnell angebotenes »Du«. Ein »Sie« hat noch nie Schaden verursacht, ein zu frühes »Du« kann dagegen schon einmal ein echtes Fettnäpfchen sein.

Sicheres Auftreten bei absoluter Ahnungslosigkeit ist nicht professionell. Vielmehr gilt es, mit Wissenslücken offen umzugehen und zu sagen, dass man sich erst darüber informieren muss. Passiert das allerdings häufiger, lässt es auf ungenügende Vorbereitung schließen.

Es ist auch völlig legitim, eine kurze Pause von fünf Minuten zu machen, um sich neu zu sortieren.

# Visualisierung und ein Methodenkoffer

Je nachdem, für welche Methodik Sie sich entscheiden, werden Sie unterschiedliche gruppendynamische Prozesse in Gang setzen. Die Wahl der Methodik ist also essenziell für den Verlauf Ihres Workshops. Es bietet sich zudem an, immer einen Plan B in der Hinterhand zu haben. Falls Sie zum Beispiel eine Flipchart-Abfrage durchführen und sich bei einem Begriff unsicher über die Schreibweise sind oder wenn Sie auf eine Eingangsfrage nur spärliche Antworten bekommen, sollten Sie auf einen Plan B zurückgreifen können, sonst stresst Sie diese Situation zu sehr.

Das Brainstorming beispielsweise ist eine bekannte und oft verwendete Methodik, um auf Ideen zu kommen. Während sie richtig angewendet ein Fundus kreativer Ansätze ist, kann sie bei falschem Einsatz in einer großen Diskussionsrunde mit Pro und Contra enden, was schlimmstenfalls dazu führt, dass Sie Ihre Rolle als Workshopleiter verlassen und Schiedsrichter spielen müssen. Moderieren Sie die Phase des Brainstormings also unbedingt so an, dass alle Teilnehmer verstehen, wie sie sich verhalten sollen.

Hier finden Sie die wichtigsten Regeln für ein erfolgreiches Brainstorming:

- Jede Idee und jede Person ist wertvoll.
- Quantität steht vor Qualität, der Ideenfluss wird nicht ausgebremst.
- Keine Wertung von Personen, Ideen oder Beiträgen.
- Je kreativer, desto besser.
- Nutzung und Weiterentwicklung vorhandener Ideen.

# Die SWOT-Analyse

Die SWOT-Analyse (SWOT = Strengths, Weaknesses, Opportunities und Threats) ist ein Instrument der strategischen Planung und damit ein gutes Werkzeug, um in einer Workshopgruppe eine Diskussion anzuregen oder eine Stimmungsabfrage zu initialisieren.

Auch hier gilt, dass Übung und gute Vorbereitung der halbe Erfolg sind. Ich habe ein paar Flipchartbilder eingefügt, die ich immer wieder verwende, um Diskussionen anzuregen oder Vorgänge und Entwicklungen deutlich zu machen. Manche dieser Flipcharts unterstützen aber auch einfach dabei, das bevorstehende Thema besser anzumoderieren.

Die SWOT-Analyse ist ein Instrument, mit dem man vier grundsätzliche Fragen erörtern kann.

- Was sind unsere Stärken?
- Was sind unsere Schwächen?
- Welche Chancen haben wir?
- Welches Risiko droht uns?

Das Flipchartbild ist in diese vier Themenfelder aufgeteilt, die unterschiedliche Farben haben und mit denen anschließend weitergearbeitet wird.

Zu jedem Feld habe ich eine Moderationskarte mit Stichworten. Ich verlasse mich also nicht darauf, dass mir ein paar kluge Sätze einfallen, wenn ich das Bild präsentiere, sondern ich habe im Sinne einer guten Vorbereitung meine Erklärungen stichpunktartig auf vier farbigen Kärtchen notiert.

### Wofür kann man die SWOT-Analyse konkret einsetzen?

Dieses Werkzeug lässt sich gut einsetzen, um einen Gruppenkonsens zu erwirken. Alle Bereiche werden beleuchtet und von den Teilnehmern mithilfe von Kärtchen oder Flipcharts vorgetragen. Darüber hinaus können und sollten die Themenfelder zur weiteren Arbeit im Workshop genutzt werden.

### Welchen didaktischen Mehrwert bringt diese Methodik?

Sowohl Kritiker als auch Befürworter haben gleichzeitig die Chance, ihre Gedanken zu äußern. So entsteht nicht nur ein Wissenstransfer, es erhöhen sich auch die Identifikation sowie die Motivation, sich in den Workshop einzubringen. Die Gruppe erarbeitet mit dieser Methodik in der Regel ein klareres Bild von ihrem Unternehmen, dem Markt oder auch den eigenen Produkten – je nachdem, was als Arbeitstitel gewählt wurde.

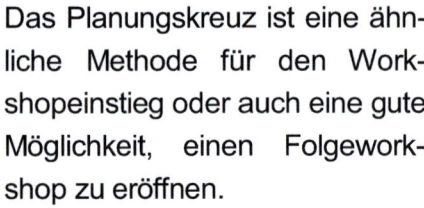

Das Planungskreuz ist eine ähnliche Methode für den Workshopeinstieg oder auch eine gute Möglichkeit, einen Folgeworkshop zu eröffnen.

Die Gruppe sollte hierfür allerdings bereit und in der Lage sein, ihre eigene Performance objektiv einzuschätzen. Die Gegenmaßnahmen können dann z. B. gemeinsam im Workshop erarbeitet werden.

Ich persönlich finde das Flipchartbild »Der Projektberg« sehr cool, wenn man das mal so sagen darf. Die Ausgangslage (Basislager) wird entweder vom Moderator oder von Teilnehmern skizziert, dann werden die Meilensteine (Zwischenziele) benannt, wobei die Schwierigkeitsstufe jedes einzelnen Zwischenziels symbolisiert und das Ziel aufgezeigt werden kann. Alles in allem eine umfassende Projektgrafik.

Ich selbst sitze in meiner Rolle als Coach im Helikopter oder stehe mit an der Steilwand.

Um den Workflow anzuregen, bieten strukturierte kreative Arbeiten enorme Vorteile. Zum einen kommen die Teilgruppen in ein konstruktives Gespräch und zum anderen gibt es mehrere kreative Ergebnisse mit viel Interpretationsspielraum. Darüber hinaus können diese Methoden mit einem Wettbewerb oder einer Tasse Kaffee verbunden werden, wodurch die starren Workshop- und Gruppenstrukturen aufbrechen.

Die Teilnehmer werden in diesem Beispiel in drei bis vier Gruppen aufgeteilt und bekommen die Aufgabe, ihren Vertrieb oder ihren Markt als Fischereihafen zu zeichnen. Sie sollen dabei zunächst diskutieren, dann skizzieren und am Ende erst zeichnen. Die Ergebnisse überraschen immer wieder mit ihren vielen Interpretationsmöglichkeiten. Zudem können Sie natürlich Legofiguren, Papier oder auch ein paar Illustrationen verwenden, um Kreativprozesse anzustoßen.

Beginnen Sie Ihren Workshop zum Beispiel mit folgender Aufgabe: »Meine Damen und Herren, hier die wichtigsten Informationen zum Untergang der Titanic. Bitte nehmen Sie sich mit Ihren Teammitgliedern 15 Minuten Zeit, um die Frage zu erörtern, wie man die Titanic vor dem Untergang hätte retten können.«

Nachdem die Gruppen ihre Ideen, Skizzen oder Gedanken vorgestellt haben, können Sie zu jedem beliebigen Thema überleiten und folgende Leitgedanken verwenden:

- Denke in Chancen.
- Wenn es schwierig wird, kommt es darauf an, dass du gut bist.
- Wenn es einfach wäre, würde es jeder machen.

Die oben vorgestellten drei Beispiel-Methoden unterstützen die Interaktion in Gruppen. Sie können sie am Anfang eines Workshops einsetzen oder vor einem wichtigen Meilenstein. Sie dienen als Einleitungsinstrument und als Verstärker für die kommende Arbeitsphase.

Der didaktische Mehrwert besteht insbesondere in dem gruppendynamischen Prozess. Ich habe bisher keine Gruppe erlebt, die nicht gerne die unterschiedlichen Ergebnisse betrachtet und darüber diskutiert hat.

Sie können dann eine strukturierte Transferphase einleiten, indem Sie folgende Frage stellen: »Welche Erkenntnis ziehen wir aus dieser Übung?«

Darüber hinaus gibt es viele weitere kommunikative Ansätze:

- Aufstellungsübungen
- kollegiale Beratung
- Fallstudienarbeit

# Praxistipps für Flipcharts und Metaplanwände

Es gibt natürlich eine Vielzahl von Visualisierungsmöglichkeiten, doch ich bevorzuge die Arbeit mit der Gruppe am Flipchart oder das Erarbeiten eines gemeinsamen Abbildes an der Metaplanwand.

Eine vorab erstellte PowerPoint-Präsentation ist natürlich für den Wissenstransfer und bei einer Informationsveranstaltung sehr einfach zu händeln und birgt wenige Überraschungen. Vielleicht erarbeiten Sie die Inhalte gemeinsam mit der Gruppe oder Sie nutzen PowerPoint lediglich für die wichtigsten Kernaussagen. – So handhabe ich es in der Regel, denn eigentlich ist das Programm genau dafür entwickelt worden.

Letztlich hängt es von Ihrer Zielstellung und Kompetenz ab, welches Visualisierungsinstrument Sie wählen. Entscheiden Sie sich für das Instrument, mit dem Sie sich am wohlsten fühlen, und üben Sie vorab die eine oder andere Sequenz ein paar Mal.

**Insbesondere die ersten fünfzehn Minuten sollten Sie beherrschen – und nicht umgekehrt –, denn die meisten Teilnehmer verhalten sich während dieser Zeit defensiv.**

Falls Sie ein Flipchart einsetzen wollen, dann achten Sie darauf, dass die Stifte schreiben – ein einfacher, aber unfassbar hilfreicher Tipp – und erstellen Sie die Flipchartblätter, die Sie produzieren wollen, vorab zur Probe. Falls Sie nicht hundertprozentig sicher in Wort und Schrift sind, notieren Sie sich die Begriffe, die Ihnen Schwierigkeiten machen, auf einer Karte.

Nachfolgend habe ich meine Flipcharttipps zusammengestellt:

# 10 ultimative Tipps für Flipcharts und Metaplanwände

1. Wenn Sie das Flipchart in der Mitte falten, wird die Mittellinie sichtbar und Sie können eindrucksvoll zentriert visualisieren.
2. Notieren Sie oben rechts die wichtigsten Informationen mit einem sehr dünnen Bleistift. Gerade Kennzahlen, komplexe Grafiken und Merksätze sollten dort stehen – für Ihre Teilnehmer bleiben die Notizen unsichtbar.
3. Eine dicke Headline oder ein schöner Center beeinflusst den Fokus der Teilnehmer.
4. Üben Sie komplexe Grafiken vorher mindestens zwei- bis dreimal.
5. Mit einem farbigen Klebeband auf dem Flipchart oder der Metaplanwand erzeugen Sie kreative Trennlinien (besser als krumme Edding-Linien).
6. Wenn Sie mehrere Flipchartblätter angefertigt haben, können Sie durch das Abschneiden von den Ecken ein Lesezeichen setzen. Damit blättern Sie die richtige Seite immer beim ersten Versuch auf, was ziemlich beeindruckend ist.
7. Vorbereitete Flipcharts sind nicht mein Favorit – die Bilder sollten immer mit den Teilnehmern erarbeitet werden. Es spricht aber sehr viel dafür, die Headline und die Aufteilung vorzubereiten.
8. Mit guten Wachsmalstiften können Sie starke Schatteneffekte erzeugen.
9. Lernen Sie, einfache Grafiken zu zeichnen, zum Beispiel Smiley-Gesichter.
10. Falten Sie das Flipchartblatt horizontal bis zur Hälfte und kleben Sie es mit einem Tesafilm fest, sodass Sie Informationen nach und nach aufdecken können.

# Zusammenfassung

# Das Wichtigste auf den Punkt gebracht

1. Nutzen Sie die Theatermetapher, um die Stärken der einzelnen Rollen in Ihrem Meeting besser zu verstehen und gezielt zu aktivieren.
2. Eignen Sie sich ein Verständnis über Ihre persönliche Wirkung an, indem Sie vor dem Spiegel üben und sich gezielt Feedback einholen. Optimieren Sie Ihre Performance immer wieder.
3. Bereiten Sie sich gut vor, indem Sie die Ziele definieren und sich die Methodik und die Visualisierungsmöglichkeiten vorab aneignen.
4. Haben Sie einen Plan B in der Tasche.
5. Seien Sie Sie selbst

## Raum für Ihre eigene Interpretation

_____

_____

_____

_____

_____

_____

_____

_____

# Marco Kerber

DIN-ISO-zertifizierter Businesstrainer und -coach
Schwerpunkte: Salescoaching und Präsentationstraining

Marco Kerber wurde 1974 in Erfurt geboren und lebt heute in Berlin. Er ist verheiratet, hat vier Kinder und widmet sich in seiner Freizeit der Imkerei.

Seit dem Jahr 2000 arbeitet er als Businesstrainer für unterschiedlichste Unternehmen. Seinen fachlichen Hintergrund als Vertriebsentwickler und Präsentationscoach hat er als Key-Account-Manager bei Audi und infolgedessen als Dozent und Mitglied im Prüfungsausschuss für Absatzwirtschaft und Marketing für angehende Handelsfachwirte erworben. Weiterführend hat er sich auf die Bereiche »Vertriebsentwicklung«, »Präsentationstraining« und »methodische

Vertriebssimulationen mit Unterstützung durch Schauspieler« spezialisiert.

Heute arbeitet Marco Kerber deutschlandweit mit Menschen und Teams aus mittelständischen Unternehmen zusammen. Schwerpunkte der Zusammenarbeit sind:

- Entwicklung von Vertriebsleitbildern und strategischen Leitgedanken.
- Erarbeitung von effizienten Salesprozessen für das operative Geschäft.

- Erarbeitung der methodischen Umsetzung und ggbfs. Übungssimulationen.
- Implementierung der Salesprozesse sowie der Vertriebsmethoden im Daily Business.
- Präsentationstrainings und Pitch-Präsentationen.
- Coachings für die Durchführung von Webmeetings und E-Business-Präsentationen.
- Operative Begleitung von Salesteams KAM/AM.
- Entwicklung und Unterstützung der Führungskräfte.

Ein individuelles Arbeitskonzept unterstützt Unternehmen und vor allem Menschen dabei, ihre Ziele nachhaltig zu erreichen.

Neben klassischen Workshopformaten entwickelt Marco Kerber immer wieder neue Weiterbildungskonzepte und Coachingmethoden, wie zum Beispiel »Lobkarten« oder die Simulationsmethode »Flash-Light« für Präsentationstrainings.
Mit der Teilnahme an der dreijährigen Weiterbildung zum »Certified Business Trainer/Coach« nach DIN-ISO-17024 und PAS-1029 durch Prof. Dr. Walter Simon konnte Marco Kerber im Jahr 2013 seine Methoden und Trainingskompetenz weiter ausbauen. Mit dem international anerkannten neuen Gütesiegel nach DIN-ISO-17024 sollen die Professionalität wie die Qualität der Trainer in Zukunft besser erkennbar sein.

# Links

www.marcokerber.de

www.youtube.com/user/MarcoKerberCoach

www.facebook.com/Marco.Kerber.Dienversum

www.linkedin.com/in/Marco-Kerber

www.xing.com/profile/Marco_Kerber2